BEI GRIN MACHT SICH IHR WISSEN BEZAHLT

- Wir veröffentlichen Ihre Hausarbeit,
  Bachelor- und Masterarbeit

- Ihr eigenes eBook und Buch -
  weltweit in allen wichtigen Shops

- Verdienen Sie an jedem Verkauf

Jetzt bei www.GRIN.com hochladen und kostenlos publizieren

Bibliografische Information der Deutschen Nationalbibliothek:

Die Deutsche Bibliothek verzeichnet diese Publikation in der Deutschen National-
bibliografie; detaillierte bibliografische Daten sind im Internet über http://dnb.d-
nb.de/ abrufbar.

Impressum:

Copyright © 2018 GRIN Verlag
Druck und Bindung: Books on Demand GmbH, Norderstedt Germany
ISBN: 9783668849228

Dieses Buch bei GRIN:

https://www.grin.com/document/452002

Anonym

Sportmarketing in der Praxis. SWOT-Analyse, Merchandising und Licensing, Digitalisierung, Sponsoring

GRIN Verlag

Deutsche Hochschule für

Prävention und Gesundheitsmanagement

Hermann Neuberger Sportschule 3

66123 Saarbrücken

Einsendeaufgabe

Fachmodul: Sportmarketing

Studiengang: Sportökonomie

Datum
Präsenzphase: 16.04-19.04.18

Studienort: **München**

Semester: **WiSe 2016**

Inhaltsverzeichnis

1 SWOT-Analyse

Im Nachkommenden wird für den Fußballverein TSG 1899 Hoffenheim eine SWOT-Analyse durchgeführt. Dabei findet zunächst eine interne Ressourcenanalyse statt, welche mit dem stärksten Kontrahenten verglichen wird. Daraus resultieren die Stärken und Schwächen des eigenen Unternehmens. Des Weiteren wird über die Unternehmensumwelt recherchiert, den sogenannten Chancen und Risiken die dem Verein begegnen. Zuletzt werden verschiedene Strategien in einer SWOT-Matrix ermittelt.

Die SWOT-Analyse ist eine Positionierungsanalyse der Aktivitäten des eigenen Unternehmens die gegenüber den Wettbewerbern dargestellt wird (Gabler Wirtschaftslexikon, 2018, Stichwort: SWOT-Analyse).

1.1 Stärken-Schwächen-Analyse

Tabelle 1: Interne Stärken und Schwächen (eigene Darstellung)

Stärken	Schwächen
Nachwuchsarbeit	Kein Traditionsverein
Trainer Julian Nagelsmann	Mitgliederzahlen und Stadionauslastung
Sportlicher Erfolg	Transferpolitik

Die Jugendarbeit ist sicherlich das Prunkstück des Vereins. Die TSG 1899 Hoffenheim besitzt mit dem Grundlagenzentrum, der Akademie-Arena und dem Leistungszentrum über drei hochmoderne Trainingszentren, welche für unterschiedlichste Altersstufen geeignet sind. Die U-19 wurde 2014 A-Jugend-Meister und erreichte in den Folgejahren zweimal das Finale. Auch dieses Jahr wurden sie Meister in der U19 Bundesliga Süd/Südwest und sind bis ins Halbfinale der deutschen Meisterschaft gelangt. Des Weiteren erhielt die Akademie für ihre Jugendarbeit die Höchstwertung von drei Sternen bei der bundesweiten Zertifizierung von Nachwuchsleistungszentren durch den DFB und die DFL (Frommert, 2015). Auch mit Hilfe ihrer datengesteuerten Leistungsdiagnostik werden die Kaderplätze durch Nachwuchstalente besetzt (Frommert, 2017) und im Endeffekt Transfersummen gespart. Darüber hinaus unterstützen moderne Trainingseinrichtungen, wie der Footbonaut, die Talente dabei sich weiterzuentwickeln. Durch die Passhalle können sie sowohl ihre Reaktionsfähigkeit als auch ihre Treffsicherheit verbessern, da sie sowohl schnell als auch präzise auf die Ballschussmaschinen reagieren müssen (Frommert, 2013).

Eine weitere große Stärke des Vereins ist der Trainer Julian Nagelsmann, der das Aushängeschild Jugend weiterführt. Mit 30 Jahren ist er der jüngste Trainer und durch sein Auftreten auch einer der sympathischsten Persönlichkeiten der Bundesliga. Sowohl der attraktive Spielstil als auch die herausragende Arbeit die er bei der TSG Hoffenheim leistet, machen ihn zu einen der lukrativsten Trainer in Europa. (op-online.de, 2018) Zuletzt ist der aktuelle sportliche Erfolg der ersten Herrenmannschaft von der TSG Hoffenheim eine große Stärke. In der Bundesligasaison 2017/18 wurde der sensationelle Tabellenplatz drei erreicht, was bisher bestes Vereinsergebnis darstellt. (sportschau.de, 2018) Durch die Tabellenplatzierung ist die TSG direkt für die Champions League qualifiziert und kann sich auf internationaler Bühne präsentieren.

Eine enorme Schwäche der TSG ist die fehlende Tradition des Vereins. Gründungsjahr war zwar schon im Jahr 1899, jedoch wurde durch ständig wechselnde Clubeigner der Name oft gewechselt. Somit war der heutige Verein bis zum Einstieg vom Investor Dietmar Hopp im Jahr 1989 größtenteils unbekannt. Erst mit dem neuen Trainer Ralf Rangnick und dem Aufstieg in die 1. Bundesliga, trat der Verein bundesweit ins Rampenlicht. (Frommert, 2018) Eine weitere Schwäche ist die geringe Mitgliederanzahl im Verein und dass die Auslastung des Stadions verglichen mit der Liga gering ist. (Jakob, 2018) Hoffenheim steht mit einer Anzahl von 9664 Mitgliedern zum Zeitpunkt Mai 2018 nur auf dem 17 Platz der Bundesligavereine. Zum Vergleich konnte zum selben Zeitpunkt der VfB Stuttgart 60449 Mitglieder verzeichnen. (vgl. Statista, 2018) Die dritte Schwäche ist die Transferpolitik von dem Bundesligaverein 1899 Hoffenheim. Die TSG erwirtschaftete zum zweiten Mal über 100 Millionen Euro, jedoch sind davon 29 Prozent aus dem Erlös von Transfers. (Frommert, 2018) Mit dem dauerhaften Verkauf von Leistungsträgern ist es unmöglich eine konkurrenzfähige Bundesligamannschaft aufzubauen.

1.2 Chancen-Risiken Analyse

Tabelle 2: Interne Chancen und Risiken (eigene Darstellung)

Chancen	Risiken
Sportliche Erfolg(CL Teilnahme)	Traditionsverein in der Nähe
Neue Sponsoren	Ableben Dietmar Hopp
Liberalisierung Glücksspielmarktes	Steigende Spielergehälter und Transfersummen

Der sportliche Erfolg von der TSG ist als große Chance anzusehen. Durch Erreichen des dritten Tabellenplatzes wird der Verein eine größere Gewinnausschüttung durch die Bundesliga und beispielsweise Fernsehgelder erhalten als im Vorjahr. Gleichzeitig bietet die Teilnahme an der Champions League der TSG eine enorme Chance bekannter zu werden, vor allem wenn Gegner wie Manchester United oder Real Madrid im Stadion auflaufen. Zudem erhält der Verein, allein für die Qualifikation zur Gruppenphase, knapp 13 Mio. Euro von der UEFA. (uefa.com, 2016)

Eine weitere Chance wären neue Sponsoren, welche der TSG zusätzliches Budget verschaffen könnten. Durch die internationale Bühne erlangt der Verein eine größere Aufmerksamkeit regionaler Unternehmen, die sich mit Hilfe des Vereins ein positives Image aufbauen wollen. Denn das Interesse von Sponsoren steigt mit der Bekanntheit des Gesponserten. (Bagusat, Hermanns, 2012)

Eine Liberalisierung des deutschen Glücksspielmarktes wäre die dritte Chance für den Verein. Dadurch würden sich Sponsoring oder Kooperationen mit Wettanbietern bieten, sodass Mehreinnahmen aus Sponsoringverträgen generiert werden können. (Sponsors Special, 2014, S. 7) Letztendlich wäre die TSG konkurrenzfähiger gegenüber anderen finanzstarken Vereinen aus dem In-und Ausland und könnte ihren Spielern sowohl eine sportliche als auch finanzielle Zukunft bieten.

Ein enormes Risiko für den Bundesligaverein sind traditionsgrößere Vereine in unmittelbarer Umgebung wie der VFB Stuttgart. Der VFB besitzt mit 60.449 Mitgliedern (Statista, 2018) mehr als sechsmal so viele wie die TSG 1899 Hoffenheim und ist somit interessanter sowohl für Sponsoren als auch Talente im Umkreis.

Hinzu kommen Spielergehälter und Transfersummen im Fußball, welche von Jahr zu Jahr ins exorbitante steigen. Aktuellstes Beispiel ist der Transfer für 222 Mio Euro von Superstar Neymar zu Paris Saint-Germain. (Handelsblatt, 2017) Da der Fußball immer populärer wird sind Vereine aus der ganzen Welt dazu bereit immer größere Summen zu investieren und erschweren es somit der TSG ihre Spieler zu halten.

Zuletzt stellt das mögliche Ableben von Dietmar Hopp ein Risiko für den Fußballverein dar. Beerben in seiner Rolle sollte ihn sein Sohn Daniel Hopp. Das Hauptaugenmerk von Daniel Hopp liegt jedoch auf dem Eishockeyverein Adler Mannheim, wie er bereits verkündete. (Teevs, 2014)

1.3 SWOT-Matrix

Tabelle 3: SWOT-Matrix (eigene Darstellung)

S-O-Strategien:	S-T-Strategien:
- Steigende Einnahmen aus nationalen und internationalen Wettbewerben in Förderung der erfolgreichen Jugendarbeit stecken - Neue Sponsoringverträge die aus der Liberalisierung der Glücksspielindustrie entstehen bringen Mehreinnahmen, welche in die Jugendarbeit investiert werden können.	- Anstatt Wettbieten mit anderen Vereinen um Spieler, weiterhin auf Jugendspieler setzen - Spieler aus Nachwuchszentren für abgeworbene Leistungsträger ins Team einbinden und mit langfristigen Verträgen binden. Identifikation mit dem Verein schaffen, sodass nicht dem Ruf des Geldes gefolgt wird
W-O-Strategien:	W-T-Strategien:
- Durch Champions League ist die Chance gegeben neue Mitglieder zu werben und die Stadionauslastung zu erhöhen. Internationale Spiele gegen Topmannschaften aus Europa locken auch Nicht-TSG-Fans ins Stadion. Diese können gefallen an Atmosphäre gewinnen und dauerhaft Spiele besuchen. - Um neue Fans zu gewinnen muss eine Ticketoffensive gestartet werden. Dabei können die ersten Saisonspiele vergünstigt angeboten werden, wenn man beispielsweise zu zweit kommt. Damit wäre das Stadion voller und mögliche neue Fans könnten sich ergeben.	1. Anteile von Dietmar Hopp aneignen, um nach einem möglichen Ausstieg oder ableben vorbereitet zu sein 2. Neue finanzstarke Sponsoren suchen die unabhängig von Hopp investieren, damit kein Zerfall des Vereins stattfindet.

2 Merchandising und Licensing

Im Folgenden wird ein Merchandisingkonzept für einen Volleyballverein erstellt, der in diesem Jahr sein 30-jähriges Jubiläum feiert.

2.1 Wer

Das Merchandising für den Verein wird risikoarm und den eigenen Stärken nach ausgeführt. Somit übernimmt der Volleyballverein die Auswahl des Merchandisingsortiments. Ein externes Unternehmen wird für die Produktion und andere Teilfunktionen wie die Veredlung des Produktes beauftragt. Dadurch ist eine höhere Qualität der Artikel gewährleistet. Des Weiteren wäre es ein zu großer zeitlicher Aufwand für die ehrenamtlich Engagierten im Verein, wenn sie das Sortiment komplett selbst anfertigen müssten. Darüber hinaus fehlen die fachlichen Kompetenzen für eine Eigenproduktion.

Tabelle 4: Fanartikelsortiment (eigene Darstellung)

Artikel	Beschreibung	Sortiment
T-Shirt	- Shirt sportlich geschnitten mit Vereinsnamen und Aufdruck: „30 Jahre" auf dem Rücken - Vereinswappen auf der rechten Brust	Kernsortiment
Fan-Schal	- Schal mit Aufdruck: „1987-2017" und Vereinsnamen in Vereinsfarben	Kernsortiment
Poloshirt	- In Vereinsfarben, edles Design, Großer „30" auf dem Rücken und Vereinslogo auf der rechten Brust	Kernsortiment
Handyhülle	- Vereinslogo und „30" auf Rückseite, HardCase, Plastik	Zusatzsortiment
Turnbeutel	- Material: Baumwolle und mit dem Vereinslogo bedruckt	Zusatzsortiment
Schlüsselanhänger	- In Vereinsfarben, Vereinsname und „30" auf Rückseite	Randsortiment

2.2 Wem

Die Zielgruppe für das spezielle Merchandisingsortiment zum 30-jährigen Jubiläum sind alle Mitglieder und Fans der Breitensport- und Profimannschaften. Da der Verein gezielt Kinder und Jugendliche unterstützt wurde speziell für die Zielgruppe Turnbeutel, Schlüsselanhänger und Handyhüllen gewählt. Diese Artikel werden vermehrt im Alltag verwendet und sorgen für die Steigerung der Bekanntheit. Die T-Shirts, Fan-Schals und Poloshirts sind insbesondere für die Jugendlichen und Erwachsenen gedacht. In der Öffentlichkeit soll mit dem Tragen dieser Artikel vor allem Zusammengehörigkeit ausgestrahlt und die Identifikation zum Verein aufgezeigt werden.

2.3 Bedingungen

Der Volleyballverein entscheidet sich für die Premiumpreispolitik, da die Produkte eine enorme Qualität aufweisen und eine hohe Nachfrage auf Grund des speziellen Anlasses besteht. Der Gewinn aus dem Verkauf der Merchandisingartikel soll an eine gemeinnützige Organisation gespendet werden. Damit soll eine positive Außenwahrnehmung und Präsenz in den Medien geschaffen werden. Dadurch steigt wiederrum der Bekanntheitsgrad und es werden Neumitglieder geworben, die sich mit dem Verein identifizieren. Die Produkte werden mit einem Aufschlag von 50 Prozent auf die Herstellungskosten angeboten. Vereinsmitglieder erhalten 5 Wochen vor dem Jubiläum einen Sonderrabatt in Höhe von 10 Prozent, sodass vor dem Event schon hohe Absätze generiert werden können. Zwei Wochen vor dem Jubiläum steigt die Nachfrage stetig an, sodass keine Vergünstigungen mehr gelten und die Artikel zum Originalpreis vertrieben werden. Die Premiumpreispolitik ist durch die hohe Produktqualität und die Exklusivität der Produkte gerechtfertigt. (Rohlmann 2011, S. 254) Zum Ende der Saison wird die Abschöpfungsstrategie angewandt, bei der die Restposten vergünstigt vertrieben werden. Hiermit wird auch der letzte Kunde noch erreicht. Sollte die angebotene Menge nicht ausreichen, kann jederzeit nachbestellt werden.

Tabelle 5: Bedingungen Fanartikel (eigene Darstellung)

Sortiment	Verkaufspreis pro Stück in €
T-Shirt	13
Fan-Schal	16
Poloshirt	25
Handyhülle	11
Turnbeutel	8
Schlüsselanhänger	4

2.4 Kanäle

Der Verein wählt sowohl Eigenvertrieb als auch Fremdbetrieb. Der Eigenvertrieb erfolgt über das Vereinsheim in dem sich ein kleiner Fan-Shop befindet. Vorteil vom Eigenvertrieb ist, dass das Produktangebot von uns bestimmt werden kann. (Riedmüller

2011, S.288) Des Weiteren ist auf der Vereinshomepage ein Onlineshop eingerichtet und die Artikel werden über stationäre Verkaufsstände zu den Heimspielen verkauft. Der Fremdvertrieb erfolgt über unser die städtischen Sportartikelgeschäfte oder andere Sponsoren, die unsere Ware in lokalen Supermärkten anbieten. Vorteil hierbei ist, dass eine größere Masse an Menschen zu erreichen ist.

2.5 Begleitmaßnahmen

Die Produkte werden über mehrere Kanäle vermarktet. Zunächst findet eine interne Vorstellung des Sortiments an der Jahreshauptversammlung, im Vorfeld des Jubiläums, statt. Danach wird auf Social-Media-Kanälen wie Facebook oder Snapchat und auf der Homepage des Vereins geworben, um auch die jüngere Zielgruppe zu erreichen. Außerdem erfolgt eine Flyerverteilung an Spieltagen und Anbringung von Plakaten in den Turnhallen. Letztendlich wird die örtliche Presse miteingebunden, welche die Charity-Aktion publik machen soll.

2.6 Zeitraum

Der Verkauf startet 5 Wochen vor dem Jubiläum, sodass schon vor der Feier ein Großteil des Vereins ausgestattet ist. Danach werden die Artikel während der Saison über das Vereinsheim, stationäre Verkaufsstellen, den Onlineshop des Vereins, die städtischen Sportartikelgeschäfte und andere Sponsoren angeboten. Nach der Saison werden die Restposten stark vergünstigt mit Hilfe der Abschöpfungsstrategie vertrieben.

3 Digitalisierung

3.1 Überblick Verein

Tabelle 6: Überblick Verein (eigene Darstellung)

Vereinsangebot	Fußball
Mitgliederzahl	800
Anzahl bezahlter Mitarbeiter	5
Anzahl ehrenamtlicher Mitarbeiter	15

3.2 Zielgruppen der App

Tabelle 7: Zielgruppen und jeweils 2 Marketingziele (eigene Darstellung)

Zielgruppe	Marketingziele
Mitglieder	- Mitgliederbindung - Vernetzung aller aktiven Mitglieder
Fans/Sponsoren	- Vereinsbindung erhöhen - Neue Unterstützer akquirieren

3.3 Inhalt der App

Tabelle 8: Inhalt der App (eigene Darstellung)

Themen	Mehrwert für den Kunden	Mehrwert für den User
Informationen	- Infos/Vereinsnews werden schneller verbreitet - Steigerung des Interesses - Standorte der Sportstätten und Sponsoren	- es wird nichts mehr verpasst - immer auf dem aktuellen Stand
Sponsorenwerbung	- Affiliates Marketing erhöht Einnahmen - Vorstellung der Sponsoren	- Rabattcodes - Gewinnspiele
Fan-Reporter Modul	- emotionale Bindung der Fans, Sponsoren und Mitglieder	- News und Bilder aktuell von Heim-/Auswärtsspielen und von da, wo der Verein aktiv ist
Verschiedene Kommunikationswege über Vereinsforum	- Einbezug des kompletten Vereins - emotionale Bindung und Stärkung des Verbunds	- man fühlt sich dem Verein zugehörig und besonders - direkte und umfangreiche Kommunikation im Verein

3.4 Chancen & Risiken durch Einführung der Vereinsapp

3.4.1 Chancen

Eine Chance durch die Vereinsapp ist die Vernetzung aller aktiven Mitglieder miteinander. Dadurch entsteht eine Bindung von Fans und Mitglieder an den Verein und letztendlich wird sowohl das Vereinsklima verbessert als auch das Zugehörigkeitsgefühl gestärkt.

Mehreinnahmen durch Sponsoren ist eine weitere Chance für den Verein. Mit Hilfe von Sponsorenwerbung können sich Unternehmen auf der App präsentieren und ein positives Image schaffen. Des Weiteren können dank Gewinnspielen und Rabattcodes Neukunden für potentielle Sponsoren geworben werden. Somit hat die Vereinsapp eine weitere Einnahmequelle.

3.4.2 Risiken

Die Einführung einer Vereinsapp ist auch mit Risiken verbunden. Mitglieder und Fans die nicht im Besitz eines Handys sind könnten sich ausgeschlossen fühlen. Vor allem ältere Herrschaften verfügen über kein Smartphone und könnten aktuelle Vereinsnews verpassen, wenn die Neuigkeiten rund um den Verein nur noch digital dargestellt werden.

Ein weiteres Risiko wären mögliche Fehlfunktionen, welche eine App aufweisen kann. Außerdem können Kosten für Updates und Instandhaltung anfallen, da die App immer auf dem aktuellsten Stand zu halten ist.

3.5 Bekanntheitsgrad

Um den Bekanntheitsgrad voranzubringen sollten zunächst Vereinsmitglieder und bestehende Fans mit der App ausgestattet werden. Dazu kann man Plakate mit QR-Code im Vereinsheim oder an der Sportanlage nutzen, welche eine gute Möglichkeit bieten eine große Menschenmasse zu erreichen. Trainer und Verantwortliche fordern zusätzlich die Spieler auf die App zu installieren und zu verbreiten. Bei Heimspielen ist die Halbzeit eine weitere Gelegenheit auf die Vereinsapp aufmerksam zu machen. Dabei gibt der Stadionsprecher die nützlichen Funktionen preis und verweist auf den Mehrwert für den Nutzer. Social-Media-Kanäle und die Vereinshomepage bieten sich zusätzlich an um Aufmerksamkeit in der Öffentlichkeit zu erregen. Zuletzt werden Flyer bei

Sponsoren ausgelegt damit auch der Rest informiert wird und sich die Partner nicht ausgeschlossen fühlen.

4   Sponsoring

4.1   Unternehmensbeschreibung

Das Unternehmen Yourtime ist Hersteller von einem Kompressionsstrumpf, der für eine kürzere Regeneration und erhöhte Leistung durch Kompression der Wadenmuskulatur sorgt. Dabei weißt der Strumpf eine hochwertige Qualität auf und besitzt ein ästhetisches Design. Zielgruppe sind hierbei ehrgeizige aktive Ausdauersportler, unabhängig vom Geschlecht, die das Beste aus sich herausholen und ihre Laufleistung verbessern wollen. Aufgeben ist ein Fremdwort. Das Produkt wird überwiegend über Online-Shops wie Amazon oder die eigene Homepage, im direkten Absatz vertrieben. Im indirekten Absatz findet ein Verkauf durch Einzelhändler statt, die unsere Kompressionsstrümpfe an Fußballvereine bringen. Als Kommunikationsinstrumente werden das Social Media Marketing, die Öffentlichkeitsarbeit, das Sponsoring und die direkte Verkaufsförderung verwendet. Im Produktionsort betreibt Yourtime ein eigenes Geschäft. Neben dem Social Media Marketing über Facebook werden vermehrt Fitnessblogger auf Instagram gesponsert. Diesen werden bereits kostenlose Strümpfe zugesendet, da sie eine enorme Reichweite haben und ihre Follower stark beeinflussen können. Damit auch Sportler erreicht werden, die nicht auf Internetplattformen vertreten sind wird Öffentlichkeitsarbeit mit Hilfe von Flyer verteilen verwendet. Außerdem findet eine regelmäßig das Produktveranschaulichung auf Sportveranstaltungen statt, was der Verkaufsförderung dient. Demnächst findet eine Kooperation mit Marathonläufern statt, die von uns komplett ausgestattet werden und im Gegenzug Werbung für uns zu betreiben.

4.2   Phasen des Sponsoringprozesses

4.2.1   Festlegung der Ziele

Die Ziele des Sponsorings unterteilen sich in Ökonomische und Psychologische. Das Ökonomische Ziel ist die Umsatzsteigerung. Psychologische Ziele vom Unternehmen sind einerseits die Verbesserung des Markenimages über die affektive Ebene und anderseits die Erhöhung der Markenbekanntheit über die kognitive Unternehmensbeschreibung

4.2.2 Schnittmengenanalyse der Zielgruppen

Tabelle 9: Schnittmengenanalyse der Zielgruppen (eigene Darstellung)

Zielgruppe Yourtime	Zielgruppe Event	Schnittmenge Zielgruppen
- ehrgeizige Läufer	- aktiv	- aktiv
- aktiv	- Ausdauersportler	- Ausdauersportler
- Ausdauersportler	- jeden Alters	- jeden Alters
- jeden Alters	- jeglichen Geschlechts	- jeglichen Geschlechts
- jeglichen Geschlechts	- Zuschauer	

Die Schnittmengenanalyse der Zielgruppe von Yourtime und vom Laufevent decken sich fast vollständig und somit ist eine Zusammenarbeit sinnvoll.

4.2.3 Beschreibung von Sponsoring-Einzelmaßnahmen

Kompressionsstrümpfe

Für die ersten 300 Personen die sich für das Event anmelden werden Kompressionsstrümpfe während des Laufes bereitgestellt.

Eigener Infostand

Für Interessenten gibt es einen eigenen Stand, bei dem das Produkt vorgestellt und über den Nutzen informiert.

Mitarbeiter

Mitarbeiter von Yourtime nehmen am Event teil. Dabei tragen sie Shirts mit dem Unternehmenslogo in Großdruck auf der Brust.

Fahnen

Entlang der Strecke stehen immer wieder Fahnen mit dem Logo von Yourtime

Cap mit eigenem Logo

Bedruckte Caps werden bei der Anmeldung an Läufer verteilt

4.2.4 Erfolgskontrolle des Sponsorships

Zur Erfolgskontrolle wird die Auswirkung das Sponsoring Engagement auf die gewählte Zielgruppe analysiert. Hierbei kann eine Effektivitätskontrolle mithilfe einer Kosten-Nutzen-Relation herausgefunden werden. Als Kontrolle der psychologischen Ziele Bekanntheit und Imageverbesserung kann eine aktive Marktforschung innerhalb der Zielgruppe betrieben werden. Eine Befragung vor und nach dem Sponsorship ist sehr sinnvoll. Durch einen Vergleich der Absatzzahlen vor und fünf Monate nachdem Laufevent können die ökonomischen Ziele kontrolliert werden.

5 Literaturverzeichnis

Frommert, C. (2013). *Der Footbonaut: High-Tech im 1899-Training.* Zugriff am 31.05.2018. Verfügbar unter https://www.achtzehn99.de/newsarchiv-2/newsarchiv- 2013/juni-2013/der-footbonaut-high-tech-im-1899-training/

Frommert, C. (2015). *Akademie erhält erneut drei Sterne.* Zugriff am 03.05.2018. Ver fügbar unter https://www.achtzehn99.de/newsarchiv-2/newsarchiv-2015/januar-2015/akademie-erhaelt-erneut-drei-sterne/

Frommert, C. (2016). *TSG erhält SAP HANA Innovation Award.* Zugriff am 03.05.2018. Verfügbar unter https://www.achtzehn99.de/newsarchiv-2/newsarchiv-2017/april-2017/tsg-mit-sap-hana-innovation-award-ausgezeichnet/

Frommert, C. (2016). *TSG legt Rekord Bilanz vor.* Zugriff am 15.05.2018. Verfügbar unter https://www.achtzehn99.de/newsarchiv-2/newsarchiv-2016/oktober-2016/tsg-legt-rekord-bilanz-vor/

Frommert, C. (2018). *TSG setzt konsequent auf eigenen Nachwuchs.* Zugriff am 03.05.2018. Verfügbar unter https://www.achtzehn99.de/aktuelles/ueberblick/tsg-setzt-konsequent-auf-eigenen-nachwuchs/

Frommert, C. (2018). *Historie.* Zugriff am 31.05.2018. Verfügbar unter https://www.achtzehn99.de/tsg/historie/

Frommert, C. (2018). *Umsatz: DFL-Rekord & TSG im 100-Millionen-Klub.* Zugriff am 01.06.2018. Verfügbar unter https://www.achtzehn99.de/aktuelles/ueberblick/umsatz-dfl-rekord-and-tsg-im-100-millionen-klub/

Handelsblatt. (2017). *Neymar zahlt 222 Millionen Euro Ablösesumme an Barca.* Zugriff am 10.03.2017. Verfügbar unter http://www.handelsblatt.com/sport/fussball/transfer-theater-neymar-zahlt-222-millionen-euro-abloesesumme-an-barca/20143154.html

Jakob, J. (2018). *1.Bundesliga- Zuschauer 2017/18*. Zugriff am 31.05.2018. Verfügbar unter http://www.kicker.de/news/fussball/bundesliga/spieltag/1-bundesliga/2017-18/zuschauer-der-saison.html

op-online.de. (2018). *Kovac und Nagelsmann: Die begehrtesten Trainer der Liga*. Zugriff am 06.05.2018. Verfügbar unter https://www.op- onli ne.de/sport/eintracht-frankfurt/niko-kovac-julian-nagelsmann-begehrtesten-trainer-liga-9763595.html

Riedmüller Florian (Hg.) (2011): Professionelle Vermarktung von Sportvereinen. Potenziale der Rechtevermarktung optimal nutzen. Berlin: Erich Schmidt.

Rohlmann, Peter (2011): Merchandising im Sport. In: Gerd Nufer und André Bühler (Hg.): Marketing im Sport. Grundlagen, Trends und internationale Perspektiven des modernen Sportmarketing. 2., völlig neu bearbeitete und wesentlich erwei terte Aufl. Berlin: Erich Schmidt, S. 233-264

sportschau.de. (2018). *Hoffenheim jubelt, der BVB darf auch*. Zugriff am 15.05.2018. Verfügbar unter https://www.sportschau.de/fussball/bundesliga/spielbericht-tsg-hoffenheim-borussia-dortmund-100.html

Sponsors Special (2014). Das Streben nach Glück – und Bekanntheit. *SPONSORs Special, (09), 7.*

Springer Gabler Verlag. (Hrsg.) (2018). *Gabler Wirtschaftslexikon, Stichwort: SWOT-Analyse*. Zugriff am 02.05.2018. Verfügbar unter https://wirtschaftslexikon.gabler.de/definition/swot-analyse-52664/version-275782

statista.de. (2018). *Anzahl der Mitglieder der Vereine der 1. Fußball-Bundesliga (Stand: Mai 2018)*. Zugriff am 31.05.2018. Verfügbar unter https://de.statista.com/statistik/daten/studie/29723/umfrage/anzahl-dermitglieder-ausgewaehlter-vereine-der-bundesliga/

Teevs, C. (2014). *Hopp on Ice*. Zugriff am 20.04.2018.
Verfügbar unter http://www.spiegel.de/sport/wintersport/daniel-hopp-sohn-von-dietmar-hopp-istder-macher-im-eishockey-a-1006132.html

6 Tabellenverzeichnis